中华中医昆仑

邓铁涛学术评传

张镜源◎主编

中国盲文出版社

图书在版编目（CIP）数据

邓铁涛学术评传（大字版）/ 张镜源主编. —北京：中国盲文出版社，2015.12
（中华中医昆仑）
ISBN 978-7-5002-6748-5

Ⅰ.①邓… Ⅱ.①张… Ⅲ.①邓铁涛—评传
Ⅳ.①K826.2

中国版本图书馆 CIP 数据核字（2015）第 302897 号

邓铁涛学术评传

主　　编：张镜源
责任编辑：戴皓宁
出版发行：中国盲文出版社
社　　址：北京市西城区太平街甲 6 号
邮政编码：100050
印　　刷：北京华联印刷有限公司
经　　销：新华书店
开　　本：700×1000　1/16
字　　数：42 千字
印　　张：6.75
版　　次：2015 年 12 月第 1 版　2015 年 12 月第 1 次印刷
书　　号：ISBN 978-7-5002-6748-5/K·377
定　　价：12.00 元
销售服务热线：（010）83190297　83190289　83190292

丛书编委会

前 言

中医药是中华民族的伟大创造，是世界医学宝库中的夺目瑰宝，数千年来为中华民族的繁衍昌盛作出了巨大的不可磨灭的贡献，至今仍是中国医药卫生事业不可分割的重要组成部分，在维护民族体魄康健、促进经济社会发展中发挥着不可替代的作用。

中医药学，是中华传统文化和科技文明的结晶，是勤劳聪慧的中华儿女在几千年生产生活实践中，在与疾病作斗争的过程中，创造的独具特色的医学科学体系。它有着浓郁的民族特色、深厚的文化底蕴和丰富的哲学内涵。经过一代又一代中医药传人、一辈又一辈名医大家的实践探索、薪火传承、总结完善、创新发展，逐步形成了系统的理论体系、独特的诊疗方法、丰富的医学内容、实用的制药技术。具有疗效确切、用药安全、应诊灵活、普适简廉和预防保健作用显著的巨大优势，在世界医学之林独树一帜，为人类的文明进步与医疗保健事业，已经并正在作出积极的贡献。

为了弘扬中华民族传统文化，彰显中医药学家的丰功伟绩，当代中医药发展研究中心与中国文学艺术界联合会、国家中医药管理局新闻办公室、中华中医药学会、中国中医科学院、北京中医药大学、世界中医药学会联合会等精诚合作，在国家中医药管理局的支持和指导下，为中华近现代百年来贡献卓著、深受敬仰的150位中医药学家，编撰出版了这部大型传记丛书。丛书采用评传体裁，记载他们的生平事迹、医术专长、学术思想、传承教育、医风医德、养生之道和突出贡献，使这些宝贵的医学成就和精神财富发扬光大，千古流芳。

从书取名《中华中医昆仑》。昆仑山，被尊为“万山之祖”，柱西北而瞰东南，立中国而凭世界，凌驾乾坤，巍然屹立。以其高峻豪迈、绵延起伏的磅礴气势，寓意中华中医药学历史悠久、博大精深和永不衰竭；以其挺拔雄伟、高耸入云的恢弘气魄，彪炳一代中医药学家的丰功伟绩、杰出贡献和不朽勋业。

从书入选传主，从全国范围推荐遴选，遍及中医药界各个领域。有临床家、理论家、药学家、教育家、医史文献学家；有名师亲授、世医家教、学派传人、院校毕业和自学成才者；有师徒并驾、父子齐名和伉俪联袂者。他们学术造诣深厚、诊疗技术精湛、临床经验丰富、学科地位崇高、科研成果丰硕、医风医德高尚、国内外影响较大，从医学理论到临床实践，为中医药事业的传承和发展作出了突出贡献，是近现代百年来中华中医药界的杰出代表。

丛书的出版，对于弘扬中华文化，振兴中医药事业，造就中医药人才，普及中医药知识，具有重要的现实意义和深远的历史意义。这是一项开创性工作，填补了我国为著名中医药学家大规模撰写传记的空白；也是一项抢救性工作，因入选传主已仙逝过半，许多亲历、亲见、亲闻的史料日见散逸，将之收集整理、编撰成书，功垂后世、利国利民；更是一项承前启后的工作，总结传主经验，传承中医药伟业，继往开来，光耀世界医学之林。这部医文结合，富蕴历史性、学术性、文学性和实用性的鸿篇巨制，对医疗、卫生、科研、教育及全球关注中华中医药文化的各界人士，都有重要的参考和阅读价值。

丛书的编撰出版，是一项巨大的中医药文

化建设工程，在策划、撰写、编辑、出版过程中，自始至终得到了国家有关领导、政府部门及社会各界人士的关心和支持。国家中医药管理局高度重视，并组织专家对全书进行终审；数百名专家、学者亲临指导，参与规划；有关省、市、自治区卫生厅、局、中医局（处）给予大力帮助；传主及其亲属、弟子热情支持、密切配合；撰稿人深情满怀、辛勤笔耕；编审专家尽心竭力、精工细琢；关爱中医药事业的企业家热心公益、慷慨资助；全体工作人员不辞辛劳、无私奉献，这一切使丛书得以顺利出版。对此，我们深表谢意。

由于时间紧迫和资料搜集困难，加之水平有限，难免有疏误之处，敬请广大读者批评指正。

中华中医药学，历史悠久，源远流长，发端于远古，奔向于未来。百年对于历史，不过是短暂的瞬间；百人对于万众，不过是沧海一粟。然本丛书所记载的百年百人，则无疑是波澜壮阔的中医药发展史上辉煌的篇章和光芒闪烁的璀璨星辰。

张镜源

目录

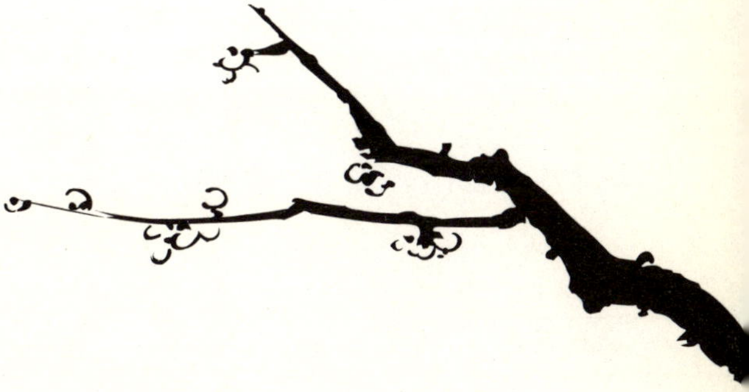

学我者必须超过我！继承是手段，振兴中医、发展中医，为中国人民和世界人民的健康服务，走在世界前头才是我们的共同目的。

——邓铁涛

邓铁涛，曾用名邓锡才，1916 年出生，广东开平人。中国共产党党员。著名中医临床家、理论家、教育家。广州中医药大学终身教授，博士研究生导师。1932 年就读于广东中医药专门学校，1938 年正式从事中医医疗。曾任广州中医学院副院长、中华全国中医学会常务理事，现任中华中医药学会终身理事，中国中西医结合研究会名誉理事等职。

邓铁涛在长达 70 余年的中医生涯中积累了丰富的经验，以内科见长，擅长诊治心血管疾病，如冠心病、高血压病；神经肌肉疾病，如重症肌无力、多发性肌炎、肌萎缩侧索硬化症；

消化系统疾病，如胃炎、慢性肝炎、肝硬化；以及其他疑难病症，如硬皮病、系统性红斑狼疮、肾病等，有很好的疗效。

邓铁涛学术上融古贯今，提出“五脏相关”理论，开展一系列对现代中医学发展有影响的研究，包括脾胃学说继承与发扬、痰瘀相关学说应用、寒温病融合的中医热病理论研究，中医诊法研究与教材建设，以及岭南地域性医学的研究与开拓、近代中医史研究等。发表论文100多篇，著作有《学说探讨与临证》、《耕耘集》、《邓铁涛医集》、《邓铁涛医学文集》，主编有《中医学新编》、《实用中医诊断学》（含英文版）、《中医近代史》，参编有《中医辞典》、《中医大辞典》、《中国大百科全书·中国传统医学卷》等。

为表彰邓铁涛对中医药学术事业发展作出的贡献，1978年广东省人民政府授予他“广东省名老中医”称号。1990年成为首批享受国务院政府特殊津贴的专家，1993 年获广东省“南粤杰出教师特等奖”，1994 年获“全国老中医药专家学术经验继承工作指导老师”荣誉证书。2001 年，在他 85 岁时，香港浸会大学授予他名誉博士学位。邓铁涛是当代中医界的领军人物，是国家级非物质文化遗产传统医药“中医诊法”项目代表性传承人，2005 年担任国家重点基础发展研究计划（973 计划）《中医基础理论整理与创新研究》项目首席科学家。2009 年由人力资源和社会保障部、卫生部、国家中医药管理局评选为国医大师。

出身中医世家
求学南粤名校

1916 年农历十月十一，在广东省开平县钱岗乡石蛟村的一间青砖瓦房里，一个小生命诞生了。祖父邓耀潮颇通文墨，给新生的孙子起名“锡才”，锡者，赐也，才者，财也，企盼孩子将来能才财两运亨通。

邓家祖籍河南南阳，为中医世家。祖父多年经营中药，曾参股广州天福堂药材行。父亲邓梦觉（1886—1939）年轻时到香港追随名师学医，受业于番禺名医陈庆保。陈庆保是近代岭南伤寒派名医，与新会陈伯坛、顺德黎庇留齐名。邓梦觉主攻《伤寒明理论》，似应为伤寒派医家，但广州中医老前辈回忆邓梦觉时总说，他是温病派名医，善于治疗温病。邓铁涛后来回答这一疑问时说："应该说先父在学术上于伤寒温病无所偏，且先学《伤寒论》，后学《温病条辨》。广州地处华南，热病为多，故处理病人常需运用温病的理法方药。广州医家之门诊量，一般伤寒派医家日诊十人左右，而一般温病派医家日诊二三十人左右。他治愈无数染疫热病患者，如果说清代主张清热养阴祛湿来治疗发热性、流行性、感染性疾病的医家都可归入温病学派的话，他对这些方面十分重视，可能因此而得名。"

邓梦觉先学"伤寒"后习"温病"，主要读淮阴吴鞠通《温病条辨》，云熟读此书在南方可以为医。友人遵嘱，果如其言。友人之一乃岭南妇儿科名医郭耀卿，郭氏日后又成为邓铁涛的临证老师，可见中医学术总有一脉相承之联系。

1925 年，邓梦觉从香港学成返回省城，在广州市蒙圣上街开业应诊。当时适逢"干霍乱"

（绞肠痧）流行，得病者腹痛如绞，欲吐不能吐，欲泻不能泻，甚为痛苦。邓梦觉用温病名家王孟英的蚕矢汤，每每一剂便愈。

一次，香港患者冼某，咽喉肿胀痛甚，上午 9 时从港来穗就诊，喉间肿大已不能言语，用笔诉其苦状。邓梦觉说，这在中医叫乳蛾，又叫“缠喉风”。即处以《重楼玉钥》之“金钥匙”喉散方，约 10 时配制成药，让儿子铁涛用汽水吸管给他吹喉，半小时一次。吹后吐出痰涎甚多。下午 1 时服汤药，至 3 时已能发声，喉痛大减。翌日返港继续吹喉，服药仅两剂而愈。

另一次，教师黄某之妻产后腹痛难忍，西医用吗啡止痛数天，药到痛止，但几小时后又复痛极。邓梦觉处以《金匮要略》中的枳实芍药散，两日即痛止。黄老师感激邓梦觉妙手回春，专门制作了一块大牌匾，上书“中医邓梦觉”，横跨蒙圣上街两边。

这些事情为少年邓铁涛亲眼目睹，他立志继承父业，研习岐黄之术。邓梦觉一生常以背诵《黄帝内经》为乐，对吴鞠通、王孟英及唐容川的著作相当重视，同代人中比较敬崇张锡纯，这些理念对邓铁涛以后的行医生涯及中医学术产生了很大影响。

邓锡才自幼侍诊父侧，执庭训秘旨。然而近现代中医教育已从家庭带徒向学校办学过渡。邓锡才6岁童蒙开笔，养正明事，先就读海幅小学，后转大新路广州市第五十五小学，毕业后考入广州市南武中学。小学老师教会他拼音，为日后学会普通话打下了良好基础。1932年，他初中未毕业，考上广东中医药专门学校，校址就是现在的广东省中医院，它是由广州中医知名人士暨省港药材行共同创办的五年全日制中医药专科学校。自1924年9月15日首任校长卢乃潼在开学典礼发表演讲："中国天然之药产，岁值万万，民生国课，多给于斯。倘因中医衰落，中药随之，其关系至大。本校设立之宗旨，习中医以存中药，由中医以通西医，保存国粹，维护土货，以养成医学之人才。”至1955年广东中医药专门学校停办，30年来培养了21届毕业生，共计571人。教师中陈任枚、刘赤选、梁翰芬、卢朋著等均为近代岭南医林之翘楚；学生中李仲守、罗元恺、黄耀燊、刘仕昌等，日后均成为中医界名家。20世纪30年代的学校教育很重要，相比之下，受过学校教育者比没经过学校教育的易出成就。一个中医如果没有系统学习基础知识，中医理论水平难以提高。

邓锡才在校读书时涉猎甚广，自称“饥不择食”，举凡文史哲及其他自然科学知识之书兼收并蓄。他回忆说：“课外读书杂乱而无计划，贪多嚼不烂，花费了一些时间；但自己摸索着走路，付出了光阴作为代价，初步养成自学的信心与习惯，还是值得的。”

课余他遵照父亲“早临证，重跟师”的主张，先后跟了几位不同派别、各有专长的老前辈实习，如陈月樵、郭耀卿、谢赓平等。虽然只是站在老师后面“侍诊”，但他收获甚大，见老师用过的方药，心中有数，日后就敢用。他说：带徒是中医教育的一种传统而有效的方式，今日中医院校学生如不注重跟师实习，其学问与临证水平难以提高；因为书本知识毕竟是死的，临床不少疑难问题只有法传，难以书传，需要老师在身边心传口授方能领悟。

在上学期间，邓锡才去番禺参加中医师资格考试，并以第三名的成绩取得注册执业资格。报考时他觉得“锡才”二字俗气，决意改名“铁涛”。不想这一改，“邓铁涛”三字日后成了响当当的名字。

1937 年 8 月，邓铁涛完成学业，为广东中医药专门学校第九届毕业生。5 年院校生活使他增长了见识，开阔了视野，体会到中医药学伟大宝库由三大部分构成：一是浩如烟海的中医典籍，二是在中医尤其老中医脑海里的宝贵学识与丰富经验，三是在广大人民群众之中防治疾病的一些秘方验方。邓铁涛决心继承它，发掘它，为它献出毕生精力。

受名师影响，学生时代的邓铁涛不仅钻研医术医法，还开始关注“中医出路何在”的大问题。20 世纪 30 年代，正是中医备受打击摧残之际，南京国民政府教育部饬令中医学校改称“学社”，不得以学校名义招生及颁发证书，他们的毕业证书只能盖以“广东中医药学社”的印鉴。他愤慨之下，拒绝领取所谓“学社”的毕业证书，以示抗议。但他对中医的未来也深感忧虑。眼看中医陷入“废医存药”之歧途，甚至出现“中医若存无天理，中药若亡无地理”之类论调，他想，皮之不存，毛将焉附？医既将废，药将焉存？虽然当时广东谭次仲，上海恽铁樵、陆渊雷等提出“中医科学化”的口号，但如何科学化法，限于当时历史条件，也难有新的突破，只能是唐容川等人“中西汇通”思想的进一步发展。

参加抗日土改 熔铸信仰意志

1937 年 8 月邓铁涛毕业时，正值卢沟桥事变爆发，抗战烽火燃遍中国。1938 年日机狂炸广州，邓铁涛和许多难民避祸香港。他与同学康北海等 4 人在香港创办了中医夜大学“南国新中医学院”，当时他年仅 22 岁。该校借用文咸东街“南北药材行”会址，虽然最多时只有 7 名学生，他们却整整坚持了 3 年。

1938 年，上海、武汉沦陷后，大批进步文化人士避难于香港。1939 年 6 月，中华全国文艺界抗敌协会香港分会成立，同时成立文艺通讯社，为中国共产党的外围组织，宣传中国共产党的抗战主张。1939 年，邓铁涛参加了文艺通讯社，以“邓天漫”作笔名写了不少针砭时弊的文章。由于学习了一些唯物辩证法，他深感辩证唯物主义和历史唯物主义对中医学颇有帮助，发现中医学有不少符合辩证法的内涵，如阴阳学说及八纲辨证等。文艺通讯社有一位名叫谭军的青年，受邓铁涛的启发，毅然参加中国共产党在华南最大的抗日武装——东江纵队。

此时，在香港南昌街芝兰堂坐堂应诊的邓梦觉病逝，邓铁涛接替父亲成为坐堂中医。因为初出茅庐，开业 15 日竟没有一个病人。店主供应的那顿免费午餐使他承受着“吃白饭”的心理压力。但不到半年他便小有名气，靠诊金收入已渐能自立。此时，香港树仁中学女教师林玉芹与他相爱结婚。林玉芹是位年轻美丽的知识女性，她不顾世俗偏见，毅然嫁给中医郎中。两人一生相濡以沫，伉俪情深。

1941 年 12 月太平洋战争爆发后，香港沦陷。邓铁涛回到广州，在太平南路药材店坐堂应诊。这时，谭军奉东江纵队司令部之命找到他，请他做秘密交通站的地下交通员。广州是华南日军统治中心，做秘密交通站工作要承担极大风险，邓铁涛却慨然允诺。他以医生职业作掩护，经常与东江纵队派来的同志上街购买游击区急需的各种物资，先存放在自己家，然后由游击队派人来取。东江纵队派彭会和他单线联系。同时，邓铁涛还启发药材行的一位少东家冯杲阅读进步书籍，动员他参加交通站工作。冯杲曾在香港英文书院读书，懂英文，会翻译。彭会通过邓铁涛递给冯杲一份英文文件请他翻译，见他译得很好，觉得抗日急需这样的人才。第 3 天，冯杲就被接到东江纵队，成为游击队战士。

若干年后，彭会在《关于东江纵队驻广州地下交通站的回忆》一文中披露了这段鲜为人知的历史。他回忆说："东江纵队司令部一位女同志交给我两个关系：一位是中医师邓铁涛，他在太平南路一家中药店替人看病抓药；另一位姓冯，他家在十三行开药材行。经请示后，我们又将这两处作为联络点，因为看病和抓药更便于接头。”

1945 年 8 月抗战胜利，1946 年东江纵队奉命北撤烟台，邓铁涛与东江纵队彭会单线联系从此中断。此后，他辗转于武汉、广州之间，仍操旧业。1949 年 10 月广州解放，1950 年 1 月，他应聘回母校广东中医药专门学校任教，同年 7 月出任教务主任。此后，以该校为基础建立广东省中医进修学校，他担任教务主任。

1951 年，彭会出差来广州，找到邓铁涛。见面时，两人百感交集，紧握双手，共同回忆当年在地下交通站的峥嵘岁月。彭会诚恳地对邓铁涛说：当年你没能赶上参加武装斗争，如今全国开展土地改革，建议你参加土改，这种锻炼对知识分子十分重要。邓铁涛这时已有邓中炎、邓中光两个儿子，但他渴望进步的热情不减当年。回家与妻子林玉芹商量后，决定留职参加土改。林玉芹一人担起照料家庭养育子女的重担。

邓铁涛通过广州市人民政府文教办公室报名参加土改，被编入广州市协商委员会新会土改第一队，身份是“开业中医”，是土改队中唯一的中医，分配到中共华南分局所属新会县土地改革工作团，来到新会县睦洲乡。据中共新会党史办公室《杨德元同志在新会》一文记载：当时土改工作相当艰苦，潜伏敌特常造谣破坏，土匪恶霸横行乡里。邓铁涛这位知识分子不得不腰间插上手枪，以防不测，可见敌情复杂，环境恶劣。广东省土地改革委员会决定把新会作为全省土改试点，队员下乡宣传落实共产党的土改政策，与农民同吃、同住、同劳动。同吃，吃的是“禾虫酱”送稀粥；同住，钻进低矮的草寮，夜间与农民同席而眠，身上长满虱子；同劳动，和农民一起插秧种田，走田埂路经常滑倒。

回忆这段历史时，邓铁涛说："三同"中同住最难，当时农村卫生条件之恶劣难以想象；工作开展以查田评产最难，要协调群众、集体、国家利益。邓铁涛坚持了两年艰苦岁月，直到土改即将结束，他由一名普通队员成长为土改工作队队长。与别人不同的是，他身上总背着一个药箱，边动员土改边为农民治病，使几辈子缺医少药的村民真切感受到共产党和政府的关怀。

邓铁涛参加土改前是广东中医药专科学校教师。1950 年 6 月，中南局主管卫生工作的某领导在《广东中医药专科学校教学大纲草案》上批语："勿需培养新中医。"电函回复广东省卫生厅并通知广东中医药专科学校，谓所报之草案与中央医政工作精神相违背。这段时间是中医最困难的历史时期。当时主持中央卫生工作的某些同志错误地认为中医是封建医术，把一篇《在一定的政治基础上产生一定的医药组织形式与思想作风》的文章，作为中西卫生从业人员思想改造的必读材料，传遍全国。对此，邓铁涛以极大勇气据理力争、直抒己见，写了《新中国需要新中医》一文，发表在 1951 年《广东中医药》季刊第 2 期首页。他认为中医要发展，教育是关键；中医教育是党和人民教育事业的一部分，新中国需要培养新一代中医才符合国家需要。幸好，后来毛泽东主席察觉到卫生行政部门在中医问题上的偏差，1953 年 11 月，他对中医问题作了重要指示："中国对世界上的大贡献，中医是一项。"

回忆从读进步书刊到参加土改的历程，邓铁涛说："这些经历使我亲身体验到了中国农民的苦难，开阔了视野，我的心从中医扩大到国家民族，扩大到整个世界。"1958 年 12 月，他加入了中国共产党，从此把自己的医术与党和国家的中医事业紧密地联系在一起了。

开展学术研究
成为临床大家

在地下交通站及参加土改的艰苦岁月，锤炼了邓铁涛的意志。然士之所以立身者在其德，医之所以鸣世者在其术，知名中医毕竟是从临床走过来的。邓铁涛深深植根于临床，深知想要提高疗效，必须开展中医学术研究。

20 世纪 50 年代初，邓铁涛学术研究的重点是运用中医伤寒与温病的学说理论，指导传染性、流行性、发热性、感染性疾病，例如流行性乙型脑炎的诊治。当时他年仅 40 岁，在国内中医界并非名声显赫，但他有几篇公开发表的论著，足以反映其学术底蕴深厚。如《温病学说的发生与成长》、《试论温病的卫气营血与三焦》、《吴鞠通〈温病条辨〉读后》。古人曰，

“言之无文，行而不远”，邓铁涛言之有文，文以载道，理足以传，学术远播，引起了北京、南京医界的重视。特别是他的“伤寒孕育温病、温病发展伤寒”的论点得到当时著名医家时逸人首肯，各地学者也在学术交流中逐渐认识了广东这位既能写文章又能看病，上课可以讲普通话并且语言流畅的邓铁涛。同时，他还应用针灸、中药及外敷治疗阑尾炎。1956 年 11 月，他在《中医杂志》发表了《试论中医治疗阑尾炎》一文，从历史文献、中医理论及临床实践多方面进行阐述，打破了阑尾炎必须在 24 小时内手术切除的西医定论。

但作为系统的中医科学研究，是在 1959 年他带领“西医学习中医高级研究班”81 名学员入住中国人民解放军一五七医院，从研究“脾胃学说”开始的。当时全国掀起西医学习中医的热潮，遵照中央指示，凡是有条件的地方，都应办一个 70～80 人的西医离职学习班，以两年为期。广东省卫生厅决定：1957 年在广州中医学院（前身为广东中医药专科学校）开办第三届西医学习中医高级研究班。

要办好这一届西学中高研班，要求配备一位班主任，组织上考虑由邓铁涛担任。据第一军医大学靳士英回忆："1959 年，我受部队委托，带三军学员 32 名加入广州中医学院高研班系统学习。入学后邓老是我们的班主任。我被推选为班主席，经常聆听老师的教导，从此与邓老建立了深厚的师生情谊。邓老有解决临床难题的中医诊疗技能。"

进入中国人民解放军一五七医院，碰上中医能否治急症、如何治急症的问题。20 世纪 50 年代末至 60 年代初，是国民经济的困难时期，这一时期人们的饮食以杂食补充甚至替代粮食，消化系统疾病较多。一日，一青年战士持续腹痛难忍，又兼腹胀、呕吐、大便不通。邓铁涛请针灸老师治以耳针，疼痛逐渐缓解，后服通腑攻下中药而愈。又有一不完全性肠梗阻青年战士，病情发生变化，主治医生中午去宿舍找邓铁涛，谓肠鸣音消失，问是否即刻手术。邓铁涛即随主治医生到战士床前。检查时战士腹痛拒按，舌诊见剥苔下有新苔生长，邓铁涛认为仍为大肠腑实证，不必手术。六腑以通为用，处方大承气汤保留灌肠，不久即便下而梗阻解除，病情好转。又如，一名 5 个月的患婴，呕吐啼哭，腹部可触摸腊肠样包块，经透视确诊为肠套叠。邓铁涛处以蜜糖水灌肠，并在腹部肠型包块处叩击梅花针，其后粪便排出，患婴安静入睡，免一刀之苦。

邓铁涛把高研班同学分成多个小组，分配到相关各科室，组成一个个科研小组，与医院科室骨干医师相结合，最后总结出 28 篇研究报告。如一五七医院耳鼻喉科主任，从带教老师学得“威灵仙治骨鲠验方”，治愈喉、食道骨鲠患者 12 例，从而印证了前人“赤脚威灵仙，铁剑软如绵”的说法，其后列为科研课题继续研究。又如内科主任两次用生甘草抢救数百人的食物中毒成功。当时全国各省都举办了西医离职学习中医班，但像广州中医学院高研班这样通过集体研究“脾胃学说”重大理论课题，是全国所仅有的。这一科研不但完成了五九级高研班的教学，还带动了中国人民解放军一五七医院中西医结合工作，班长靳士英因此代表医院在北京受到周恩来总理接见。

邓铁涛回忆在中国人民解放军一五七医院进行脾胃学说研究时说：“那是一段值得怀念的日子，我们度过无数捏着汗守护在危重病人床边的日日夜夜。”当时一五七医院的谢旺政委十分支持中医的脾胃学说研究工作，尤其支持中医参与对危重病人的抢救治疗。因为用中医手段非手术治疗多例急腹症成功，所以凡当决定病人是否开刀，谢政委往往要征求中医意见，这使邓铁涛有机会坚持中医为主的治疗方案，观察中医的疗效并取得经验。

邓铁涛把脾胃学说研究的成果加以整理，写成《中医脾胃学说提要》论文，发表于《广东中医》1962 年第 12 期，这是他筚路蓝缕开拓中医学术领域研究之始。中医所说的“脾胃”，不单是指胃肠的生理功能及病理变化，现代医学中多个系统的多种病症，如再生障碍性贫血、白细胞减少症、系统性红斑狼疮、肌肉萎缩、慢性肝炎、子宫脱垂、内伤发热等，临床上都可以出现中医脾胃学说的脾虚证候。脾胃论治的方与法，治疗范围相当广泛，除能治疗消化系统疾病之外，其他系统如血液、神经、循环、运动、内分泌系统的多种疾病，都有采用脾胃论治而收到良好疗效的例子。临床上只要抓住脾胃这个关键，一些疑难病症可以迎刃而解。学术界公认广州中医学院是进行脾胃学说研究较早且取得成绩较大的单位。以 1962 年《广东中医》杂志刊载脾胃学说研究系列论文为基础，邓铁涛在研究过程中逐渐形成了对内伤杂病重视补脾、健脾、调理脾胃，对虚损痿证重视升阳益气，对内伤发热用甘温除大热法，对萎缩性胃炎用濡养胃阴之法的学术主张。

冠心病气虚痰浊证的诊治与冠脉搭桥围手术期的中医干预，是邓铁涛临床的另一领域。20 世纪 70 年代，邓铁涛组织广州中医学院冠心病研究小组，通过对冠心病住院及专科门诊患者的临床调查与治疗观察，发现中医气血痰瘀的理论，对指导冠心病及其他心脑血管疾病的防治均有临床意义。冠心病属本虚标实之证，本虚是心气（阳）或心阴虚，标实为痰浊或痰瘀互结。北方冠心病之标实，瘀血患者为多，治以活血化瘀为常法；岭南地区冠心病患者，身处南方，土卑地薄，气候炎热，环境潮湿，身体禀赋多属气虚或气阴不足，以气虚痰浊型多见，治宜益气除痰。邓铁涛以益气除痰佐以化瘀的方药治疗冠心病 100 例，总有效率达 95％。其后撰写《冠心病辨证论治》一文，发表于《中华内科杂志》1977 年第 1 期上，产生了较大的影响。

治疗冠心病临床治验有效的机理是什么？从 1979～1992 年，邓铁涛先后指导心血管专业硕士、博士研究生，从实验研究的角度去探讨益气除痰法对冠心病的临床疗效及其血液流变学的原理。检查心血管疾病痰证患者的血液，发现血浆黏度比、甘油三酯、β—脂蛋白和血沉方程 K 值异常增高，出现血液流变学的改变，可能是中医所说的“痰”的物质基础之一。临床常用的益气除痰的方药，对改善心血管疾病痰证患者的血液流动性、凝集性有帮助，治疗痰证总有效率为 82％，非痰证为 75％，提示益气除痰法治疗冠心病，无论是痰证患者还是非痰证患者，均有一定疗效。研究成果支持益气除痰法治疗冠心病的主张，还将其机理应用于高血压病、脑动脉硬化、心律失常、风湿性心脏病、肺原性心脏病等心脑血管疾病的防治。以益气除痰为组方原则的“冠心胸痹丸”已经申请到专利。

心力衰竭是冠心病严重并发症之一，邓铁涛提出“以心为本，五脏相关”，解释冠心病心衰的病因病机，并研制出养心、暖心两种胶囊，用于治疗慢性心力衰竭患者，临床取得较好疗效。

心绞痛也是需要面对的冠心病临床难题，古人云，胸痛彻背，背痛彻胸，常令人绞痛不已，甚而心肌梗死。1981 年卫生部计划对热证、中风、厥脱、血证、痛证等五大急症进行临床研究。为配合这一全国性中医急症科研工作，邓铁涛献出祖传验方五灵止痛散。该方取自宋代《太平惠民和剂局方》失笑散，再加冰片而成，因其服食方便，起效迅速，成为邓氏医学传家宝之一。该方之分量配伍，则是经过半个世纪临床摸索方予确定的。五灵止痛散有镇痛解痉及消炎止痛作用，于1984年8月通过技术鉴定后成为三类中药新药。邓铁涛将研究成果转让给了广州中药三厂，又将技术转让费5万元全部捐献给中华全国中医学会（现中华中医药学会）。

冠状动脉搭桥手术为当今西医心血管学科前沿尖端技术，但如何提高手术安全性，降低手术后并发症，提高术后生存质量又成为现代医学研究的课题。从1999年开始，邓铁涛在长期心血管疾病临床研究基础上，与西医博士研究生导师阮新民、张敏洲，中医博士研究生导师吴焕林、邹旭等，一起探讨冠心病冠状动脉搭桥手术期的中医药诊治问题。

邓铁涛首先对40例围手术期病人进行临床观察：射血分数低于30%不能做手术者，应用调脾护心方药提高射血分数达到手术标准；手术过程中创伤者，心阳受挫脾失健运，聚湿于肺成痰，或术中麻醉以及气管插管等对气道的刺激，肺失宣发通调，水饮内停成痰浊，给予除痰化湿中药；手术后康复期，“气虚”则为血管易再堵塞、再狭窄之根本，选用红参、田七、茯苓等组方，名“邓氏冠心方”。方中以人参补益元气，温通心阳；田七活血祛瘀通脉；茯苓、竹茹、枳壳等药除痰理气，共奏益气除痰祛瘀通脉之功。

从2001年10月～2003年10月，邓铁涛所作的益气除痰调脾护心法治疗冠心病冠状动脉搭桥围手术期临床研究，试验组59例，对照组55例，共进行114例临床观察。结果显示：手术后两组临床症状均较术前有显著的改善，自术后第二个月开始，试验组症状计分总分就显著优于对照组，随着治疗时间的延长，两组的差别越来越明显。至试验终结，试验组多数症状的改善情况均显著优于对照组，如心悸、乏力、肢冷等症状，两组有非常明显的差别。治疗组临床总有效率达 98.2%，其中显效率 81.8%；对照组总有效率为 96.3%，其中显效率 55.6%。治疗组临床疗效明显优于对照组。这一研究在以后继续进行，成为科技部“十一五”支撑计划“冠心病血运重建术后中医综合干预方案临床研究”项目。

如果说冠心病是重大疾病的话，那么神经科重症肌无力则是疑难病，重症肌无力危象又属危重病。邓铁涛一生专门选择危害民众生命健康的重大疾病、疑难病、危重病作为临床研究重点。

邓铁涛接触重症肌无力是在 20 世纪 50 年代，他接诊的一位患者症见眼睑下垂，四肢无力，吞咽困难。中医虽无“重症肌无力”病名，但中医古籍有“睑废”、“痿证”记载，认为眼睑部位属于脾，脾主四肢肌肉，以金元四大家之一李东垣《脾胃论》之补中益气汤加减治疗取得较好效果。医学界公认重症肌无力治疗至今仍然是世界性的难题，病情反复是该病的最大特点。邓铁涛根据李东垣《兰室秘藏》“脾胃虚损”概念，并参考其他古籍中的相关记载，认为该病不是一般的脾虚，而是虚甚至虚损的程度，并与五脏相关，如危象呼吸困难涉及肺，吞咽不下涉及肾，眼球斜视凝视涉及肝，合并胸腺肥大或肿瘤、甲亢，以及西药的副作用可涉及多个脏器，总而言之曰“脾胃虚损，五脏相关”。

1986 年 10 月，邓铁涛承担国家科委“七五”攻关课题“重症肌无力疾病脾虚证型的临床研究及实验研究，探讨其辨证论治规律及发生机理”，并任课题组组长。经过 5 年的艰苦临床研究工作，1991 年 1 月，该课题通过了国家中医药管理局组织的技术鉴定。在鉴定委员会的 7 名成员中，中国协和医院神经科许贤豪、广州呼吸病研究所钟南山都是当时我国西医界著名专家，他们肯定了中医中药治疗重症肌无力的效果。该项研究获 1992 年度国家科技进步二等奖。

前面说过，重症肌无力治疗至今仍然是世界性的难题，而危象的抢救则是难中之最。重症肌无力危象死亡率，20 世纪 80 年代以前为 43％，90 年代为 36％，21 世纪初为 25％左右。这是一个高风险的病种，危象可多次发生，一次抢救成功易，而第二、第三次抢救则难。中医参与抢救重症肌无力危象，中药剂型的改革是关键。邓铁涛治疗重症肌无力有 4 种制剂，即强肌健力饮、强肌健力胶囊、强肌健力口服液、强肌健力颗粒，合称强肌健力系列。强肌健力系列体现了 20 世纪 60 年代开始，对重症肌无力临床研究中药制剂发展的学术历程。根据病历日记记载，从 2000 年 1 月～2007 年 12 月，邓铁涛专科诊治病人 1145 例，住院病人 212 例，参与危象抢救 105 例次，均使用强肌健力系列治疗。邓铁涛说：中医自古以来治此病的人有两位，一位是金元时期的李东垣，以脾胃虚损理论指导治疗；一位是清代医家王清任，重用黄芪四两。今日的强肌健力学术渊源于此，但又有异于前辈。

2003 年 4 月 17 日，广州中医药大学第一附属医院，一对来自湖南安乡的夫妇闯入禁止探视的重症监护室，直奔患重症肌无力危象的 12 岁儿子小林（化名）的病床，拔下了呼吸机套管和氧气管。此前患儿已在某大医院治疗 38 天，气管被切开，使用呼吸机辅助呼吸，用胃管鼻饲食物，后被告知治疗无望。其父母打听到广州邓铁涛擅长诊治这种病后执意南下，为救孩子变卖了仅有的房产，得到 10000 元，4 月 10 日坐火车来到广州。孩子当时已经意识模糊，面如死灰，嘴唇发绀，痰涎分泌物从气管套管口涌出，到医院后直入重症监护室，测量血氧饱和度仅 83%，马上接呼吸机抢救。经 5 天治疗病儿有所好转，但 10000 元已告罄。拿什么来救自己的孩子？父母绝望了，只得放弃治疗，签字愿意承担责任后果，不怨医生。小林命悬一线。

邓铁涛得知此事，马上赶到监护室，见病儿奄奄一息，干瘦如柴，弯缩如虾。邓铁涛说："孩子瘦成这样（当时体重17公斤，正常应为32公斤），单靠药物如何能起作用？"说完，拿出准备好的5000元钱，交给重症监护室护士长，说："到营养室买鼻饲食物，要保证孩子每天所需要的能量，有胃气才有生机。"又对重症监护室主任说："重上呼吸机，费用我先垫！"在场的人无不为之感动。邓铁涛接着又和医务人员研究治疗方案，认为感染是诱发危象的重要因素，建议用价格低廉的抗生素，也不必丙种球蛋白冲击，以解决医疗费用过高问题；中医治疗原则为升阳举陷，强肌健力，免费给患儿提供中药强肌健力口服液鼻饲，1次1支，1日4次；加强护理，吸痰除痰，翻身拍背，清洁口腔，增加饮食量以支持，不必拘泥于儿科会诊时 17 公斤体重，液体入量一天不超过 800ml。

孩子终于得救。4 月 21 日，邓铁涛再次来到患儿床边。孩子看到一位慈眉善目的老人，护士告诉他说：“这是你的救命恩人邓爷爷啊。”孩子眼眶湿润，因插着管子无法说话，示意护士拿纸笔，写了歪歪扭扭几个字：“邓爷爷，你为什么要救我?”老人倒一下子被问住了，赶紧说：“学雷锋，希望你长大报效祖国。”老人的话言简意赅，孩子领悟了。4 月 28 日，小林脱离呼吸机。他的父母也回来了，一见邓铁涛，双双下跪，只能以这种中国农民最质朴的方式致谢。5 月 19 日，小林可以自行吞咽饮食，于是拔除胃管，解除鼻饲。孩子吃饱饮足，此时体重已增至 21 公斤，可以步行活动。“六一”儿童节，小林高高兴兴参加了广州一日游。

邓铁涛在抢救小林的同时，又考虑如何解

决他们所欠的3万元医疗费。碰巧有位香港方太太笃信佛教，每年都拿点钱做善事，听到此事后捐出20000元。香港《大公报》登载此消息后，又有热心读者捐赠10000元。2003年6月9日，小林出院，随父母回到湖南老家。广州名医治好小林的消息轰动远近乡村。小林至今健康，并已参加工作。为此，中央电视台《东方时空》节目组曾专程从北京到广东采访。

邓铁涛带领学术团队，成功抢救重症肌无力危象患者已过百例。该病危象发生时呼吸困难，吞咽不下，往往需要使用呼吸机辅助呼吸，装置胃管鼻饲食物药物。中药制剂，必须药专力宏，避免汤剂煎煮容量过大，减少水分在胃肠潴留或减少药物堵塞胃管。邓铁涛从1994年研制强肌健力口服液制剂，解决给药途径、容量、通道等临床难题，从而提高了疗效。广州中医药大学第一附属医院也成为科技部“十一五”支撑计划“重症肌无力中医干预方案优化及其评价研究”牵头单位。

但凡中医临床大家，术业有专攻，又不拘泥于专治某症。邓铁涛诊治病种范围相当广泛，据《邓铁涛医案与研究》载，涉及病种包括运动神经元疾病、硬皮病、系统性红斑狼疮、帕金森病、高血压病、慢性胃炎、肝硬化、胆结石、泌尿系感染、肾病、糖尿病、流行性乙型脑炎、一氧化碳中毒、子宫肌瘤、阑尾炎、脑挫伤以及传染性非典型性肺炎等63类。邓铁涛临证方式与病人来源不拘一格，有的来自病房，有的来自门诊，有的来自电话问诊，有的来自通讯函诊，有的来自他院会诊；其所诊治病种，多为西医诊断明确但缺乏疗效，或虽有疗效但西药毒副作用大者，也有西医诊断不明，或检查认为“病因不够清晰”、“缺乏对因治疗”、“预后不良”者，更有“周游列国”最后来到广东中医药大学附属医院的不治之症患者。他们经邓铁涛辨证论治、立法处方用药而取得满意疗效或阶段性疗效。

邓铁涛说，辨证论治是中医临床医学的灵魂。他曾在某专区人民医院带教，适遇该医院一胎死腹中之患者，妇产科曾用非手术治疗十多日不效，再行手术又怕过不了感染关，邀邓铁涛会诊。他辨证属实证实脉，乃按常法予平胃散加玄明粉、枳实，1 剂。是夜死胎完整排出。医院以为偶然中彩。数日后又一患者入院，再邀邓铁涛会诊。他辨证属体虚病实之证，初用养津活血、行气润下之法未效，改用脱花煎亦不效，再予平胃散加芒硝两剂亦不见效。考虑辨证不误，用药不力，后用王清任加味开骨散 1 剂，重用黄芪 120g，当归 30g，川芎 15g，血余炭 9g，龟板 24g，1 剂。患者下午 3 时服药，6 时开始宫缩，再于 8 时加艾灸足三里，针刺中极，是夜 11 时产下一脐带缠颈之死胎。上述两例经西医诊断同为过期流产，诊断无误，但中医之辨证论治则一攻一补，天壤之别也。

邓铁涛诊疗方法丰富，不仅仅限于处方。有一例因静脉滴注肾上腺素渗液而致下肢慢性溃疡患者，溃疡面积约2cm×2cm，形如漏斗，已能看见大隐静脉，数月未愈。邓铁涛取白砂糖盖溃疡，外用叠瓦式胶布贴紧。3日后溃疡已变小变浅，再敷一次白砂糖遂愈，前后不过10天。又有一例车祸颅脑外伤昏迷患者，按照西医常规抢救紧急手术后4天，仍然脑水肿，意识丧失，瞳孔大小不等，邀请邓铁涛会诊。邓铁涛以安宫牛黄丸液点舌法与桃仁承气汤保留灌肠，患者逐渐苏醒，治疗一个月出院，无后遗症。

邓铁涛有位弟子在深圳行医，一天晚上打来电话，说一个刚满周岁的孩子不小心吞下一小块有棱有角的石子。孩子太小，动手术开刀、麻醉等都是难题，怎么办？邓铁涛说："可以用中医解决，什么手术都不用做，就用早些年广东人常吃的发菜煮稀饭。发菜又细又韧，肯定能带出石子。”弟子遵嘱让孩子吃下发菜煮稀饭后，果然第二天下午 6 点石子就排出来了。足见邓铁涛临证经验之丰富，治疗方法之多样。

培育中医英才
甘当铺石人梯

古人云：建国君民，教学为先。学然后知不足，教然后知困。知不足，然后能自反也；知困，然后能自强也。故曰教学相长。邓铁涛常说，为人师者不仅在于教，更重要的在于学，教之所以长流者在其学。作为一名杰出的中医教育家，邓铁涛年仅22岁时就在香港创办过南国新中医学院。1950年，他回母校任教务主任，1973年，任广州中医学院教务处副处长，1979年，任广州中医学院副院长，始终为中医教学体系和教材建设潜心探索。

邓铁涛长年工作在教学一线，先后任教的科目有中国医学史、中医各家学说、中医内科学、中医诊断学、《黄帝内经》等。他说："《黄帝内经》、《难经》、《伤寒论》、《金匮要略》、《温病条辨》等古典医籍，经过反复多次地实践与教学，对它们价值的认识应不断加深。中医各家学说这门学科设立得很好，《四库全书总目提要》说得简单而又深刻：儒之门户分于宋，医之门户分于金元。儒与医前后并论是有根据的。除了医学领域之外，还有其他思想活动的领域可资借鉴。知识的广度可使我们视野开阔，能帮助我们克服保守思想，能推动专业知识的深化与发展。文学、艺术使我们接触时代的脉搏与生活气息。积累知识好比建筑金字塔，底宽顶尖乃能巍然屹立。”

中医本科教育难点之一，是如何处理伤寒、金匮、温病这三门课程，它们是属基础课还是临床课，全国未有统一。20 世纪 80 年代，邓铁涛就主张这三门课是临床课而不是基础课。他认为，全国各中医学院把它们与《内经》一并称为基础学科，名义上敬为至尊，实际上使从事其教学的老师长期脱离临床工作，也就脱离了它赖以生存发展的基础。

广州中医药大学第一附属医院把伤寒、金匮、温病三门课从基础课转为临床研究课，邓铁涛非常支持这一做法。他说，这三门课的内容非现在之中医内科学所能概括；但认为它们既然是临床课，就归入中医内科学并列作选修课也是不对的。这三门课可以放在中医内科学之后开设，比较理想的排课顺序是先上温病，然后是伤寒、金匮，最后是中医各家学说。经典课不应该用原著，应该重编，要把现代科研成果和临床经验在新编教材中反映出来。《黄帝内经》、《伤寒论》、《金匮要略》、《温病条辨》这四大经典是中医学的根基，再精研各家学说以博采众家之长。第一附属医院经常举办中医经典学习班，2006 年 12 月 18 日新一期学习班开课时，邓铁涛亲笔题词："四大经典为根，各家学说是本，临床实践乃中医之生命线，仁心仁术乃医之灵魂。”

邓铁涛认为，中医教育首先要着力给学子们铸造“医魂”，要把热爱中华文化、热爱中医事业的热诚传给一代代中医学子，如不铸造医魂，只传授些技术，最终是不会培养出优秀中医学子的。60多年来，他从未停止过对青年学生思想的启迪，时时刻刻关注着他们的健康成长。他曾挥毫落纸，一气呵成，书写道：“振兴中医，需要一大批真才实学的青年中医作为先锋。这些先锋，对中医有执著的爱，掌握中医的系统理论，能用中医药为人民解除痛苦，有科学头脑，有广博之知识，决心利用新技术以发展中医学，并在发展中医学中又反过来发展新技术。这不是高不可攀的，就怕决心不大，骨头不硬，方向不明，对祖国、对社会主义、对几千年岐黄之术没有炽热的爱。”这是在写给广州中医药大学1982级本科班同学信中的推心置腹之言。

邓铁涛常引《韩非子·和氏》典故：春秋时，楚人卞和在楚山发现一块璞玉，厉王命玉工查看，说这只不过是一块石头。厉王大怒，以欺君之罪砍下卞和的左脚，逐出国都。厉王死，武王继位，卞和再次捧着璞玉去见武王，武王又命玉工查看，玉工仍然说只是一块石头，卞和因此又失去了右脚。楚文王继位后，卞和怀揣璞玉在楚山下痛哭了三天三夜，以致满眼溢血。文王很奇怪，派人问他，卞和感叹道："宝玉而题之以石，贞士而名之以诳，此吾所以悲也。"文王命人剖开这块璞玉，见真是稀世之玉。为奖励卞和的忠诚，美玉被命名为"和氏之璧"。邓铁涛谓和氏之璧与中医药学百年之遭遇，何其相似，嘱其弟子编写《寄语青年中医》，内列他为《碥石集》共七集所写之序言。《碥石集》乃记载名老中医的心得之作，每一集都请邓铁涛作序，谈论对后一辈的希望并指引前进之方向。

邓铁涛说思想品德很重要，强调要有正确的人生观。他经常谈及近代中医中一些有民族气节的人物，如曹颖甫，日军侵入江阴，胁迫曹氏出任维持会长，曹氏慷慨陈词坚决拒绝，当场死于刺刀之下。邓铁涛特撰文颂扬曹颖甫先生的民族气节及爱国主义精神。又如杨则民的《内经哲学之检讨》，杨氏后因从事革命被国民党逮捕杀害，邓铁涛认为该书是中医界率先运用辩证唯物主义思想阐述《内经》的好读本，于是刊印成《中医近代史研究资料》，作为研究生教材的读本。

倡导名师带徒，抢救中医学术，是邓铁涛在中医高级人才培养方面的独到见解和做法。1978 年，他被批准为首批中医学硕士研究生导师，1986 年 9 月，被选为中医内科学博士研究生导师。1990 年 10 月，他成为全国老中医药专家学术经验继承工作指导老师之一，这年他 74 岁。同年 12 月，教育部为表彰他对中医教育事业作出的杰出贡献，给他颁发了荣誉证书。1997 年 11 月，广州中医药大学授予他“终身教授”称号。

邓铁涛深感培养临床型名中医的重要性，他一直在为中医界高层次人才的培养奔走呼告。早在 1986 年 1 月，邓铁涛就开始撰写《耕耘医话》系列文章，“振兴中医光华夏，意欲耕云播彩霞”。文中谈了自己几十年的临床心得及医学见解，在《新中医》第一期始连续刊登。文中反复提及“继承名老中医经验，抢救中医学术，已成燃眉之急”，“中医学再不花力气去抢救，等现在的老中医老的不行了才想到出钱出力去发掘已经迟了！时不我予，时不再来！”

1988 年，《耕耘集》由上海中医学院出版社出版，当时任国家中医药管理局领导的朱杰读后，感触很深。他与人事部、卫生部负责人达成共识，由这三家单位联合推广全国名老中医带徒传授制度。1990 年 10 月，首届“全国继承老医药专家学术经验拜师大会”在北京人民大会堂隆重举行，全国首批500名老中医开始带徒。邓铁涛收了邓中光、邱仕君两徒弟。在会上，他代表500名老中医致词，提出一个响亮的口号：“学我者必须超过我！继承是手段，振兴中医、发展中医，为中国人民和世界人民的健康服务，走在世界前头才是我们的共同目的。”听了他铿锵有力的话语，与会者热烈鼓掌。三年后近千名老中医的学术继承人出师，大批临床型中青年名中医脱颖而出，由此可见邓铁涛关于抢救中医药已是燃眉之急的呼吁何等睿智，何等有远见！

在广东省中医院二沙岛分院种植的“名医树”旁边有一石碑，碑文曰：“公元2000年10月29日，在名老中医邓铁涛、任继学倡议下，应广东省中医院之邀，全国著名中医邓铁涛、任继学、焦树德、路志正、颜德馨、朱良春、陆广莘、吉良晨、张琪、张学文，为发扬中医药事业，培养中医药人才，不畏高龄，齐集羊城，开班授业，共商大计。感于斯事意义深远，卫生部副部长、国家中医药管理局局长佘靖，广东省副省长李兰芳并同各名医一起，手植‘名医树’，以寓名医名院共育中医药人才之意。为彰其事，乃立碑记之。”邓铁涛在临床带教中了解到，青年中医一上岗即去西医院进修，这一现象普遍存在。他学习毛泽东主席战略思想，伤其十指不如断其一指，要改变中医院不姓“中”的现状，决定选择广东省中医院为示范点，引进全国之名老中医，实行拜师带徒再教育，并希望能以点带面，推向全国。广东省中医院吕玉波院长积极赞成邓铁涛的“大温课，拜名师”倡议，于是有广东省中医院拜名师、植名医树之举。

2001 年 4 月 20 日，12 位国家级名老中医收下广东省中医院 24 位业务骨干为徒，24 位徒弟又分别带七年制硕士研究生，以“集体带，带集体”方式授徒，此举开创了现代学校教育与传统中医带徒教育结合之新风，影响深远。拜师会上出现了戏剧性一幕：邓铁涛走路健步如风，富有弹性，他走下台时徒弟跟不上，一急摔倒了，正好跪倒在他跟前，手机还从上衣口袋里蹦出来，“啪”的一声砸在地上。大家笑曰：真是拜师啊！

继全国第二届继承老中医药专家学术经验的师带徒活动之后，2003 年又组织了第三次拜师，拜师仪式分散在全国各地举行。广东 56 名弟子拜了 36 位名中医为师。8 月 19 日，在广东大厦举行的全国第三批继承老中医药专家学术经验广东地区拜师大会上，邓铁涛正式接纳了中山大学中西医结合研究所所长、博士研究生导师吴伟康为徒。邓铁涛既收中医徒弟，也收西医徒弟，于是广东医学界开玩笑说他是“开明中医”。《羊城晚报》为此作了《西医博导拜老中医为师》的专题报道。吴伟康此时学术造诣已很深，事后有人打电话问："难道有两个吴伟康不成?"他坦然回答："我向中医拜师，必须选择一位泰斗级人物，邓老是中华医药的宝库，值得我虚心学习求教。"

其实，邓铁涛带的第一位高徒是劳绍贤。早在1962年，时任广东省委书记区梦觉在东方宾馆主持的广州中医学院第一届毕业留校学生拜名老中医为师的典礼上，邓铁涛收劳绍贤为徒。30年后，大温课，拜名师，培养临床型名中医的师带徒已经制度化，并在全国有序推开。2003年，邓铁涛向国家中医药管理局倡议组织中医大温课。他的建议得到国家中医药管理局的重视并组织实施。该项目称为"优秀中医临床人才研修"计划，于2003年下半年在全国招收200多名中医。报考者必须具有主任医师或正教授职称，50岁以下，临床15年以上。由国家中医药管理局科技司主管，邓铁涛为主任。研修时间为3年，要求达到的目标是：理论有创新、学术有专长、技术有专攻、疗效被公认。当时全国考取 60 人，其中广东考取 8 人。邓铁涛说，他期望通过各种途径培养大批临床型名中医，希望他们能在中医理论指导下用中医药解决急症、疑难病症以至破解世界难题，使中华文化瑰宝中医药得以继承、创新，成为世界医学的重要组成部分。

桃李不言，下自成蹊。如今邓铁涛桃李满天下，学生遍五洲。他从 1978 年开始招收研究生，共培养硕士 28 人，博士 14 人，博士后两人，师带徒（弟子及学术继承人）19 人。邓铁涛的两个儿子，长子邓中炎是广州中医药大学首席教授、中医基础理论专业博士研究生导师、广东省名中医；次子邓中光是广州中医药大学第一附属医院中医内科副主任医师，也是邓铁涛的学术继承人。邓中炎精于中医基础理论，邓中光精于中医临床。邓铁涛常说：培养中医要从自己家庭抓起。在中医学术方面，他对儿子们的要求丝毫不因父子关系而放松。有人说，正是这种亦师亦父的关系成就了邓家这两位中医专家。

邓铁涛的学术传人与师带徒弟子跨及中医内科、中西医结合临床、中医医史文献、中医基础理论、中医诊断等领域，学术“人才链”中有博士研究生导师10人，硕士研究生导师15人。并在广州中医药大学设立了邓铁涛基金，目前已经资助71个课题共83万元。

2003年11月8日，广州中医药大学邓铁涛研究所成立，前来祝贺的国家中医药管理局局长佘靖在会上发言：“邓铁涛教授是我国当代著名的中医临床家、理论家和教育家，为当代中医之泰斗。”时年88岁的邓铁涛左手持麦克风，右手持激光笔，为在校学生和来自全国各地的数百名专家学者作了《为中医药事业的发展架设高速公路》的学术报告，博得全场听众长时间热烈的掌声。

凝练中医学说
成为理论大家

2009年1月21日，广州市连新路171号广东省科学技术厅，2008年度广东省科学技术一等奖评审答辩在这里进行。来自广东省各行业的20多位专家认真听取了广州中医药大学“中医五脏相关理论基础与应用”课题汇报，提问得到令人满意的回答后，评委投票一致通过。该课题第一完成人邓铁涛，是年已跨入93岁人生旅程。

大凡中医理论大家，必在临床、科研、教学的深厚根基上，具有自主创新思维，凝练理论学说指导实践，既能一病一证一方一药验之于人，又能高瞻远瞩明确目标引领前进方向。邓铁涛就是这样的大家名师。他提出的中医

“五脏相关学说”，经论证成为国家重点基础研究计划（973 计划）课题；他探讨气血痰瘀的关系及其理论，构思伤寒与温病融合成为中医热病学，研究中医诊法与建设中医诊断学科教材，开拓岭南地域性医学研究领域……这些都是他对中医学术孜孜以求的成果。

谈中医离不开五行。20 世纪 50 年代末，邓铁涛深研经典，探讨五行学说源流。先秦思想家创造了五行学说，借五行归类万物，规划世界，为文化积累提供了一个基本的阶梯与演化模式。中医理论形成的初期得益于五行学说，然近代西学东渐，传统学术思维受到冲击，五行学说首当其冲。维新派代表人物梁启超曾批评：“阴阳五行说，为两千年来迷信之大本营。”近代中医界也有关于阴阳五行存废之争。中医对五行的运用主要是发展了其合理性的一面，但五行学说固有的缺陷，至今仍然是废弃中医论者的主要攻击点。

邓铁涛思考五行学说与中医临证实践，已经到了前人所说的“皓首穷经，寒暑靡辍”之程度。1961 年，他撰文首先提出“五脏相关学说”，其后又发表多篇学术论文，认为“研究本来是一个扬弃的过程，它包括取与舍两方面，以研究五行学说为例，我们可以定两种题目：其一五脏相关学说，其二五行学说的局限性”。定第一种题目就是发展它。1988 年，邓铁涛提出以“五脏相关说”取代五行说，结果引发全国争议，1997 年 10 月在吉林召开的全国中医药科技进步奖终审答辩会上争论达到高峰。面对众多的质问，邓铁涛仍然坚定地说，自己学术理论的精华用以指导临床又有创新者，乃五脏相关说。

什么是“五脏相关”？五脏相关是传统五行学说的现代版，是对中医五行理论的继承与创新。五脏相关是研究五脏系统及系统之间生理功能、病理变化特点并以之指导临证的应用理论，是运用现代语言诠释古代五行学说的一种中医临床思维方式，它能够更加准确地表达五行与五脏的关系，睿智地认识从五行到五脏相关，正适应了现代科学的融入及中医发展变革的时代要求。

在以后一次又一次的答辩中，邓铁涛阐述“五脏相关”方法学特点：保留“五”的配属系统即五脏的系统结构；以系统和结构的观点认识五脏的相关性；以文献和临床调研为依据，实验手段作为佐证。这样，五脏相关学说通过保留五脏配属结构，包容五行五脏关联模式，维护并弥合了中医理论的完整性。邓铁涛时常幽默地说：中国哲学里有句名言“百姓日用而不知”，其实人们天天在用五脏相关的思维；五脏的关系不是在书斋里想出来的，而是中医在长期临床实践中总结出来的。

有“热血不老人”之称的邓铁涛，在 89 岁高龄的 2005 年 7 月 1 日，出任国家重点基础研究计划（973 计划）中医专项“中医基础理论继承与创新研究”项目首席科学家。他说：要把我们的研究放在世界医学的平台上。21 世纪医学发展面临诸多新的考验，人类疾病谱的改变，生态环境的破坏，老年社会的到来，社会各阶层对医疗保健的不同需求，医学发展需要整体系统关联的理念，而中医五脏相关理论的提出以及解释与研究，正是顺应了时代的发展，它将引领中医理论基础的研究走到学术前沿。

“气血痰瘀关系论”，是邓铁涛理论学说研究的一个领域。他读清代王清任《医林改错》，谓接受其革新之精神，但未接受其“改错”之成果。《医林改错》全书仅 3 万余字，却在清代医学中占有重要的位置。王清任本想改前人之错，达到业医诊病当先明脏腑、定论立方要明病之本源的目的，唯受历史条件局限，访验脏腑没有达到真切程度。王清任的主要贡献在治疗学方面，尤其是创立了有关活血化瘀的方子，以气血为治病要诀而不偏执，实源自《黄帝内经》气血之论，所谓“血脉和利，精神乃居”。治病之要，在明白气血，无论外感内伤，要知初病伤人者何物——不能伤脏腑，不能伤筋骨，不能伤皮肉，所伤者无非气血。

邓铁涛据王氏所论，认为血脉和利，必“气”亦和利，血实者宜决之，导之下流如决江河；气虚者宜掣引之，正是王氏重用黄芪之所本。黄芪量究竟可以用多大?《医林改错》补阳还五汤以四两（120g）黄芪为主药，又说医家立言著书，必亲治其证，屡验方法，万无一失，方可传与后人。说明《医林改错》有关治疗方药是屡验的方法，不是随便写下来的。邓铁涛以补中益气汤重用黄芪120g，治疗脾胃虚损之重症肌无力，屡用屡验，也是对前人学术经验的发挥。大抵学术之变迁沿革，必随自然之趋势，以适合其环境所需要，乃足以创造学说，而卓然自成一家，医学何独不然？邓铁涛继承王氏补气祛瘀之法治疗疑难病症，气虚、气滞均可以致瘀，补气理气可以祛瘀，祛瘀未必非攻伐之品不可，强调补气消瘀方法治疗气虚血瘀证型的各种疑难疾病，是他对学术理论的一大贡献。

《医林改错》有气血理论及补气祛瘀治法，但未论及“痰”的问题。痰与瘀的关系怎样？邓铁涛认为“痰瘀相关”。痰是瘀的初期阶段，瘀是痰浊的进一步发展，它们都是中医学中有其独特之处的一种理论与治疗经验，两者既是病理性产物，同时又可以成为致病因素，痰多能瘀脉，聚瘀可凝痰，因此祛瘀可考虑除痰，除痰宜结合化瘀，或痰瘀同治。

伤寒与温病是中医学中两大学派。从古到今，寒、温两说由合到分，由分至合。从《黄帝内经》至《伤寒论》是寒温合论，《伤寒论》详“寒”略“温”而已；刘完素至吴又可是寒温分论；清代叶天士、吴鞠通等则详论温热。

从明代演至清代，伤寒派与温病派之争不息。邓铁涛经多年研究，认为温病派是伤寒派的发展，但如认为既然发展了，便可以一笔抹杀了伤寒派，取消伤寒派的宝贵经验与理论，那也是错误的；同样，认为温病派微不足道，而一笔抹杀温病派数百年来的理论与治疗经验，也是不对的。

寒温合流，关键是辨证上要统一。邓铁涛为此花了 10 年时间进行研究，1970 年写成《中医发热性、传染性疾病的辨证论治》，阐述寒温统一辨证的可能性与必要性：从病因分析，伤寒与温病同属于外感病，在致病原因上存在共通点；从病机来看，两者都有一个由表及里传变过程，有一定演变规律；从证候比较，伤寒六经、温病卫气营血及三焦辨证，阳明、气分、中焦的证候基本相同，但三者又有不同之处，说明三种辨证方法各有长短，必须统一，才能互补。

邓铁涛特别强调，伤寒与温病“传经”、“传变”、“顺传”、“逆传”等术语，是中医学在“动态观”、“天人相应观”、“整体观”指导下总结出来的宝贵理论，以卫气营血辨证对传染性、感染性疾病防治是可行的，不足之处可以吸收伤寒六经辨证与吴鞠通三焦辨证的内容，就更为完整了。他期待将来能写成包括发热性、传染性、感染性、流行性疾病以及内伤发热疾病在内的“寒温合论”的中医热病学专著。

中医过去无“诊断学”学科之名称，自古以来中医诊断只讲四诊，清代太医院教科书《医宗金鉴》只有“四诊心法要诀”。1956 年广州中医学院成立，诊断教材只列“四诊”与“八纲”两部分。邓铁涛认为这不能概括中医诊断学之内涵。辨证乃中医诊断之特色与精华，而两千年来已发展有辨证之系列，如脏腑辨证、六经辨证、卫气营血辨证、三焦辨证等都应进行总结，教材编写应重在如何运用多种辨证方法于临证，使学者无多歧之患。中医号脉即诊脉，西方人往往不相信通过手腕上那么一小截血管能知五脏六腑和全身。邓铁涛幽默对答：中医号脉号的是信息。手机信息通过网络信号传递，中医经络如同网络信息，人的气虽无形，但可沿着经络走，气也是物质。

早在20世纪五六十年代，邓铁涛参加全国教材会议，被委任主编《中医诊断学》第一版及第二版全国通用教材，后又被委任主编第五版《中医诊断学》教材及高等中医药院校教学参考丛书《中医诊断学》(此书由人民卫生出版社出版)。除教科书外，邓铁涛又主编有研究性之《实用中医诊断学》，此书受到英国丘吉尔利文斯通出版社重视，于1999年由玛丽尔·艾吉尔将其全文翻译出版，并加按语曰："《实用中医诊断学》是一本非凡的教科书，因为它论及了中医理论中常遇到的疑难问题，例如：有没有脾阴的病理变化，或者滑脉是否会出现在虚证中等。此书最引人入胜的地方之一就是，邓铁涛能在一个中医诊断中描绘出体液的性质，而且他强调在诊断和辨证中灵活性是必不可少的，同时他也让读者看到了正确诊断所依据的理论体系。”鉴于邓铁涛在中医诊断学领域之国内外的影响，2007 年 6 月 25 日，入选为首批国家级非物质文化遗产“中医诊法”项目的代表性传承人。

关于岭南医学，有人问：医学难道也有岭南岭北之分吗？邓铁涛引《素问·异法方宜论》语：“地势使然也。”岭南地域之名始于唐贞观时，为十道之一，其所辖范围约为当今之广东、海南两省及广西大部分和越南北部，它位于中国最南端，属热带亚热带气候，南濒海洋，北靠五岭，大庾岭、骑田岭、都庞岭、萌渚岭、越城岭五条山脉成为自然屏障，使之与中原内地阻隔，形成了它独特的地理环境。查《辞海》“岭南派”条目，言指岭南画派。邓铁涛说：这其实是不确切的，岭南派，除了画派外，还有音乐、武术、戏曲、诗词等流派，其中还有不容忽视的、在中医学中极具特色的医学流派岭南医学，中医药研究要注重地域特征的观念。

长期以来，崇山峻岭、崎岖山路造成了岭南地区与中原内地相对阻隔，形成独特的地理环境和人文特色。《汉书》记载："南方卑湿……其众半羸。"《后汉书》亦载："南州水土湿温，加有瘴气，致死者十必四五。"卑湿炎热的自然环境有利于生物成长，也易滋生病菌，尤其烟瘴肆虐，蛇虫猛兽横行，各类疫疾夹湿浊热势，病变迅速。邓铁涛说，岭南中医是在这样一种特殊的地理气候环境下，把中医学的普遍原则与岭南地区医疗实践相结合，经过漫长的历史岁月逐渐形成起来的以中医学理论为基础，结合当地文化的地域性医学。

每年全国各地的许多病人慕名来广州向邓铁涛求医，然后又千里迢迢地将大包小包的药物扛回家。为什么他们不直接拿着药方回家乡抓药呢？因为外地没有他们需要的药。作为岭南本土医家，邓铁涛用的很多草药，如五爪龙、千斤拔、牛大力、独脚金、珍珠草等，都是岭南独有的。

邓铁涛躬身实践，1981 年点校出版了岭南名医何梦瑶的著作《医碥》。1988 年他在广东省第一次岭南医学研讨会上说，我国幅员辽阔，由于地理环境的差异和历史上开发的先后，各个地区的情况千差万别，医学发展也表现出明显的不平衡性。岭南医学就有地方与时代的特色。岭南医学是中医学的普遍原则和岭南地区医疗卫生保健实践相结合的产物，研究岭南医学的成果及其意义，不仅可以了解岭南地区医学发展的特殊性，反过来也有助于认识整个中医学发展的全过程。

这一段话，日后成为岭南地域性医学研究，如大型学术巨著《岭南医学文库》的编写指南。

学者们已普遍认同岭南医学所具有的继承性、本土性、兼容性、开放性、先进性的学术特点。1979 年，改革开放首先从广东开始。岭南医学有悠久历史的沉淀积累，有改革开放前沿的优越地缘，融合自然科学其他相关学科的合理内涵，从 1979 年至今，以其临床实践的有效性继续前进，使广东逐渐从中医药大省发展成为中医药强省。历史又一次证明邓铁涛前瞻性预见的正确。

弘扬中医之道
与世界双向接轨

邓铁涛的中医学术经验，在其晚年通过几次重要会议得到弘扬传播。2001 年 10 月 28～29 日，“全国著名老中医邓铁涛教授学术研讨会”在北京人民大会堂隆重举行。大会表彰了邓铁涛几十年来为中医药事业作出的巨大贡献，号召广大中医以邓铁涛为榜样，认真学习和大力弘扬他“热爱中医、献身中医、实践中医”的精神。邓铁涛时年 85 岁，他说要把 85 岁当成 58 岁，努力为中医工作。

同年 12 月，香港浸会大学举行隆重的“校长就职暨颁发荣誉博士学位典礼”。香港特别行政区行政长官董建华莅临主礼，历届获得该校荣誉博士学位的著名学者从世界各地赶来，礼堂上下两层座无虚席。此时，邓铁涛身披金色条纹的大红荣誉博士袍，被人簇拥着迈上主席台。董建华给他戴上博士帽，并致以诚挚的祝贺。这是浸会大学颁发第四批荣誉博士证。据透露，被该校授予荣誉博士学位的有诺贝尔奖得主，有世界著名自然科学家和人文学者，而授予中医界学者的仅邓铁涛一人。

2003年11月18～19日，科技部、中科院与国家自然科学基金委员会等在北京香山召开学术研讨会，会议主题是“中医基础理论构建与研究方法”。会议围绕国家前沿科学基础研究领域重大问题展开讨论，为国家高层决策献计献策。邓铁涛任执行主席之一。他在会上发言说：中华文化要参与世界文化并与世界文化合流。中医学是中华文化瑰宝，政府应为支持中医药发展架设一条高速公路。东西方文化是互补性很强的两种文化，因此应把“向国际接轨”的口号改为“与世界双向接轨”。邓铁涛立论的高度和气度，赢得会场一阵高过一阵的掌声，连组织会议的领导都说邓老的报告很精彩。

2004 年 11 月 18～19 日，广州中医药大学、广东省中医药管理局、广东省中医药学会在广州举行“邓铁涛学术思想国际研讨会”，到会者 300 余人，其中境外嘉宾 80 余人。邓铁涛作了《中医与未来医学》的演讲，由一位学过中医的华裔英国大律师任翻译。大律师读讲稿后非常惊讶，感叹 88 岁的老人竟能写出如此格高境大的论述：“未来医学必将把养生放在最重要的地位，未来医院将向‘保健园’的模式发展。人类将摆脱化学药品的副作用，摆脱创伤性的检查以及治疗技术带来的痛苦与后遗症；医学讲人道主义，其职业道德最高境界是达到‘仁心仁术’；医学将以养生保健为中心，实现‘上工治未病’，使人人生活过得更愉快、舒适、潇洒；医学从人体的健康需求上升到精神世界的美好境界。”

马来西亚、新加坡、泰国等东南亚国家是邓铁涛足迹常到之地，他去这些国家讲学传教，使中医更好地走向世界。邓铁涛早年在广东中医药专门学校有个同窗叫饶师泉，1938 年去了马来西亚，经过数十年奋斗成了东南亚中医业界“执牛耳”者。饶师泉组织东南亚五国中医业界“亚细亚中医药学术交流会”，历次会议都邀请邓铁涛出席讲学。饶师泉还在吉隆坡创办了一所马华医学院，培养中医药人才。为了提高办学质量，饶师泉倡议由马华医学院与广州中医学院联合办本科班。时为 20 世纪 80 年代，与国外联合办学尚属首创。敢为天下先的邓铁涛与广州中医学院负责人磋商。他说，马来西亚是第三世界国家，办学赚不了钱，往往还要赔本，但这是一件关乎炎黄文化、中医学术在国外传播的大事，我们只要力争收支平衡就可为之。经过邓铁涛的努力和校方的支持，跨国的本科班办起来了。1994 年 4 月，78 岁高龄的邓铁涛还亲自去马来西亚授课，并到当地诊所临床带教。听说来了中国中医专家，华人、马来人、印度人等前来求治者络绎不绝。

20世纪80～90年代，邓铁涛三次应邀到日本讲学。他对日本的学术影响则可以追溯到更早。70年代日本著名医学家伊藤良博士、森雄才博士到香港搜集现代中医书籍，将邓铁涛主编的《中医诊断学》译成日文，1976年由日本燎原出版社出版。伊藤良曾多次访华，每到广州中医学院都与邓铁涛会晤。1981年11月，日本汉医学会与中医学院联名邀请广州中医学院代表团赴日参加第14次汉方医学交流会神户会议，邓铁涛出席并作学术报告。

1986年9月，邓铁涛第二次访日，出席日本东方医学研究会主办的第4次中日中医学研究会，他与湖北女中医张晓星以中国卫生部医疗卫生国际交流中心专家身份前往。一连多日，日方把一些病人请到会场，由邓铁涛、张晓星诊脉、诊舌、讲解，日方汉方医学界人士在旁听讲，围桌讨论，即席提问，请邓铁涛等即席作答。如此深入的切磋交流，令邓铁涛感到日本学术界探究中医之道的认真。

访问中，邓铁涛了解到日本对以张仲景为代表的中医学说吸收较多，对于金元以来的中医学说吸收较少。当日本朋友发现了邓铁涛写的介绍宋元明清以来的中医学说以及《温病学说的发生与成长》一文时，好学求精的日本人立即全文翻译发表。

距邓铁涛最后一次访日五年之后，日方邀请邓铁涛弟子靳士英访日。当大会主持人介绍靳士英是邓铁涛的学生时，全场响起热烈掌声。靳士英处处能感觉到邓铁涛在日本的影响。一位日本中医对靳士英说：“当年，邓铁涛教授叫我读中国清代名医何梦瑶的著作《医碥》，那的确是一本思想很先进的书，我至今仍然在读。”

2002 年岁末，一种世界上首次发现、后来被定名为“传染性非典型性肺炎”的烈性传染病突袭广东，佛山、中山、河源相继发现类似病人。2003 年 1 月，某医院急诊科护士长被确诊为“传染性非典型性肺炎”，邓铁涛指导弟子邹旭教授，以中医辨证论治取得成功。2003 年 4 月，香港疫情危急，医管局请求广东省中医院派遣医生支持。吕玉波院长调派还不到 40 岁的林琳和杨志敏前往，并请求邓铁涛、周仲瑛及颜德馨等老中医做后盾，通过电话指导。林、杨两位教授最后载誉而归，并受到了香港特首董建华的表彰。同年 5 月 1 日，邓铁涛在《中国中医药报》公开发表《论中医诊治非典型肺炎》一文，随后即被国内境外多家报刊如《世界科学技术》、《科技中国》、《中国社区医师》、《新中医》、《天津中医药》、《大公报》等转载，成为中医抗“非典”的重要参考之作。5 月 5 日，国家中医药管理局任命邓铁涛为抗“非典”专家顾问组组长。6 月 19 日，中共广东省委和广东省人民政府表彰抗击“非典”先进集体和先进个人的表彰大会在中山纪念堂隆重举行。邓铁涛应邀出席，他在会上激动地说：“我十分高兴，在抗击‘非典’中我们中医药界发挥了很大的作用。事实证明我省中医在抗‘非典’中不仅扬威粤港，还名传世界。世界各国抗击‘非典’只有西医一个拳头，唯独中国有中医的另一个拳头出击，才取得这样好的成绩。”

数度上书中央
积极进言献策

中华泱泱大国，不乏医道精通、医术精湛之名医，不乏在中医教育科研上有突出贡献之士。邓铁涛以他集中医临床家、教育家、理论家与战略家于一身的影响力，多次独自或牵头上书中央领导，为中医药事业发展建言献策，无怪乎中医界同行都称他为“领头羊”。

1984 年初春，中央军委副主席徐向前元帅来广州，邓铁涛担任保健医生，与徐帅结下一段医缘。他以一个普通“中共党员中医”的名义写信给中央，信中说：“发展传统医药已明文写入宪法，但我们失去的时间太多了，必须采取果断的措施使之早日复兴。”3 月 18 日，邓铁涛把这封长信呈给徐帅，力陈中医学是中华民族优秀的文化遗产之一，但是长期未得到重视，后继乏人，希望中央采取措施。

徐帅读后，在信上加了意见，转呈中共中央总书记胡耀邦。6 天后，胡耀邦作了“认真解决好中医问题”的批示。25 日，乔石批示：“请即印政治局参阅文件，并将耀邦同志批示告田纪云同志和崔月犁同志研办。”中央的批示连同信件全文以《邓铁涛同志给徐向前同志的信》为题作为中央政治局参阅文件（1984 年 5 号）印发。不久，国务院讨论了设立国家中医药管理专门机构的问题，请田纪云协助卫生部认真解决好中医问题。事后卫生部中医司把该文件复印件交给邓铁涛。邓铁涛看到自己的信在短时间内得到中央如此重视，内心激动不已。1985 年 11 月，徐向前元帅用毛笔给邓铁涛写了一个条幅：“心底无私天地宽。”

卫生部中医司的同志还告诉邓铁涛：1985 年第 49 次国务院会议在国务院总理主持下，专题讨论了中医问题。这次会议原计划讨论4个问题，中医问题摆在最后。总理说，中医问题复杂，先讨论中医问题。结果会议只讨论了3个问题。如果摆在最后，中医问题就“搭不上车”了！之后，中央决定成立国家中医管理局。本来成立一个副部级的中医管理局是卫生部原来的报告，被搁置后，邓铁涛的信起了催生作用。1986年12月，国家中医管理局正式挂牌成立，邓铁涛欣喜地说：“中医从此真正有人管了！”

邓铁涛第二次上书中央是1990年。当时中央计划精简机构，中医药管理局拟在精简之列。1990年8月3日，邓铁涛联合全国名老中医路志正、方药中、何任、焦树德、张琪、任继学、步玉如等7人，联名给江泽民总书记上书，请求“国家中医药管理局的职能只能增加，不要削弱”。10月9日得到答复：同意加强国家中医药管理局管理全国中医药工作职能。中医药管理局被“保下来了”。这就是著名的中医界“八老上书”事件。

1998年，全国刮起了“西医院校合并中医院校”风潮。邓铁涛忧心忡忡：“国家要抓大放小，对很多行业可能合适；但在医学界，西医大，中医小，抓西医而放了弱势的中医，岂不‘死火’?”8月11日，邓铁涛再次联合任继学、张琪、路志正、焦树德、巫君玉、颜德馨、裘沛然等中医老专家7人，联名上书给朱镕基总理：中医药是一个很有前途的知识经济领域，我们千万不可等闲视之；中医小，西医大，改革绝不能“抓大放小”。11月2日，“八老”得到国家中医药管理局答复：总理已作批示，请张文康同志研办。后来中西医院校合并风被紧急叫停了。

这是著名的第二次“八老上书”。两封信均是邓铁涛手笔，行文简练，主题鲜明，言必有中，意味深长。一位领导说：老人写的信，帮忙不添乱，得体功底深。

邓铁涛第四次上书是2002年12月31日，主题是“中医不能丢”，呼吁全社会重视中医药。他说：中医药是我国少有的原创科学，是中国的“第五大发明”，而现今中小学常识课、生理卫生课教的都是西医知识，对中医绝口不提，这反映的是一种民族自信心的缺失。4个月后，恰逢2003年“非典”期间，胡锦涛总书记南行广州。4月26日，邓铁涛以《中医应在“非典型肺炎”治疗中发挥作用》为题又一次写信给总书记：“您亲临广州指挥‘非典型肺炎’之战，爱民亲民的形象永远留在广州人民和全国人民心中。”邓铁涛在信中建议中医介入抗“非典”。该信为后来我国中西医结合抗“非典”打下了基础。

邓铁涛晚年更为中医前途命运牵肠挂肚，把自己日思夜想的中医药问题，写成几篇颇能影响医政的论文：《中医学之前途》、《试论中医学之发展》、《新技术革命与中医》。他说：中医之振兴，有赖于新技术革命；中医之飞跃发展，又将推动世界新技术革命。能如此畅谈新技术革命与中医，可见邓老不老，他对我国中医事业一片赤诚之心，如生命之火在熊熊燃烧；他铁肩担道，中流砥柱，历尽近百年风雨沧桑；他洞察秋毫，明辨是非，论述中医学之前途与发展，写下一篇又一篇战斗檄文。人们已经习惯把“邓铁涛”看作是中医的符号。

感言恫瘝在抱
倡导中医养生

邓铁涛家客厅里挂着一块铜匾，上书“大医精诚”四字，这是他85岁寿辰时卫生部领导同志赠送的。“大医精诚”是对他从医70多年精神风貌的概括。他治愈过无数绝症难症，有些抢救危急病人的故事感人肺腑，确像唐代孙思邈在《大医精诚》中所说的：“对来求救者，不问贫贱富贵，一视同仁”，“不瞻前顾后，自虑吉凶，护惜身命”。邓铁涛说，中医另一格言“恫瘝在抱”，就是要把病人的病痛看作是医生自己的病痛，处处全心全意为病人着想，绝不能为了搞科研写论文甚至为了金钱对病人多做不必要的检查，随便给病人做手术以谋利。若做人体器官买卖则更是犯罪的行为。

邓铁涛认为，仁心仁术是未来医学的最高精神境界。他会诊抢救危重病人时，总是把解决医疗费用过高问题作为意见之一，评判疗效时总是倾听病人及家属的意见。救治重症肌无力危象病人，如来自湖南安乡的男患儿小林、广州市郊竹料镇女患儿小肖，邓铁涛曾为他们垫钱出药。“一代名医，高风亮节”，这是广州中医药大学第一附属医院重症监护室对他的评价。医务人员从邓铁涛身上，看到了什么叫“大医精诚”，懂得了什么叫“医乃仁术”。他仁爱宽厚，对待病患，感同身受，悉心救治，有古代大医之风；他探讨岐黄学术之精髓，成为一代大师。

古有“仁者寿”之说，又曰：大德，必得其寿。邓铁涛现在已值期颐之年，仍精神矍铄，思维清晰。身心健康是他取得成就的保证，这得益于中医一整套养身保健之道。

邓铁涛认为，养生保健的核心是“上工治

未病”，它包括未病先防、已病早治、愈后防复（发），重点在于防病。西医也很重视预防，讲究卫生，如无菌、消毒等；但中医更重视发挥人的能动抗病作用。邓铁涛认为，西医讲究对抗性治疗，以生物为本，凡病都要找到病源，然后杀死；而中医讲究平衡，以人为本，最大程度地调动和激发人本身的潜能，抵抗各种疾病侵扰。他预言，未来医学必将把养生放在最重要的地位，要靠中医的养生理论去引导那些亚健康人群。

有记者问邓铁涛长寿秘诀：是经常吃维生素片保健吗？邓铁涛答：很少吃维生素片。元气乃健康之本，元气健旺，提高人体健康水平才能吸收所服营养品，而不是靠长期服维生素片提高人体健康水平。谨记中医“药食同源”的道理，不偏食，在自然饮食中摄取生命所需要的各种元素。一日三餐如何安排？邓铁涛答：一周有两餐吃粥，吃馒头，或吃南瓜等。饮食不要过咸，要养成淡食习惯。每周或半月一次猪横利（粤语，猪的胰脏）煲怀山药，预防糖尿病。他说，中医养生保健讲究阴阳气血平衡，人体与自然的平衡。阳为气，阴为血；“春夏养阳”即春夏天地间阳气释放，万物生长，人活动频繁，损耗阳气过多，要注重调补阳气；“秋冬养阴”即秋冬时人活动较少，体内阳盛阴缺，要注重调理阴血。只有顺应自然去调理身体，人才不会生病，身体才会健康。

人体日常状态都有其偏态，绝对的“阴平阳秘”非人之常态，阴阳的轻度失衡在亚健康状态最为常见。对此，可用药食之性味纠正人体之失衡。他偶尔会炖服中药，如人参10g，陈皮1g，补益而不腻，是岭南地区很好的保健品；还可加田七片5～10g，起到活血通脉之功。他喜喝茶，有清晨在家喝茶的习惯。他患有高血压，故常用少量活血行气的玫瑰花或菊花搭配平肝凉肝的龙井茶或助消化的普洱茶作为早茶，晨起后饮上数杯，可以添寿。

邓铁涛为了惠及社会，特意献出家传配方，开发出“邓老凉茶”，并呼吁建立凉茶文化。邓老凉茶结合“药食同源”的中华文化传统，融防病治病、养生保健于食品之中。2006 年 5 月 25 日，经国务院批准，粤、港、澳 21 家凉茶生产企业的 18 个品牌 54 个秘方及术语进入国家非物质文化遗产之列。在获得认定的 54 个凉茶配方以及术语中，“邓老凉茶”独占 9 个，位居所有凉茶品牌之首。

邓铁涛说，运动要适当，凡中老年人不宜进行快跑、打网球等剧烈运动，以其刚也，刚则耗气。体操、跑步、拳术之类，重在使用外劲，当属外功；五禽戏、太极拳、八段锦之类则属内功。内功用意不用力，以意为主，以意为引，以气运肢体，不偏不倚，不会伤气耗血，是中医保健养生学的精华。汉代华佗在论五禽戏时指出：“人体欲得劳动，但不当使极耳。动摇则谷气消，血脉流通，病不得生。”八段锦作为我国古代导引术，健身效果显著，是中华传统养生文化中的瑰宝。邓铁涛每天坚持做八段锦，运动筋骨且调理脏腑功能。他平日每天午饭前围绕着他住的楼房悠闲散步10圈，称为“养生步行”。再有，运动不单是体力的，也包括脑力运动，如读书、看报纸，使脑筋运动；思考问题、写文章，脑部也可以运动。建议老人坚持写写日记，可以延缓老年健忘，对预防老年痴呆有一定好处。

邓铁涛认为，现代人缓解疲劳首先要消除不良刺激，克服紧张、焦虑、急躁情绪，培养乐观豁达的性格；注意调和心态，焦虑就不会干扰太久。可以闭目养神，练练气功，舒缓工作节奏。

邓铁涛常背诵《素问·上古天真论》中之语：“恬淡虚无，真气从之，精神内守，病安从来？”他说，养生必先养心，养心必先养德，心是一身之主，既支配血脉运行，又主持精神活动，是人体最重要的器官，称为“君主”。所以养生必先养心，心强健是整体各个脏腑健康正常之基础。如果心处于非正常状态，血脉闭塞不通，便会影响脏腑而受损，达不到养生长寿之目的。

邓铁涛认为，人的精神健康很重要，凡事不要患得患失，“退一步海阔天空”，颐养浩然正气，所谓“恬淡虚无”、“积精存神”、“节戒色欲”、“饮食有节”等都是至理名言。而作为致病因素的七情是指情志过于强烈，导致脏腑气血逆乱而发病。欲望无穷、放纵无度则有损健康，甚至化生百病。而积极正确的欲望对养生则必不可少，特别是为人类事业发展而生的欲望，乃欲望之大者，为浩然正气，对养生有莫大的好处。因此，把握好欲望的大小关系，舍小欲、私欲而怀苍生之念，入世而宠辱不惊，正是养心正道之所在。

有诗赞曰：

邓师高龄身矍康，铁经百炼已成钢。

涛声名扬播四海，传承医理为民康。

2009年9月28日晚上7点30分，广州中医药大学大学城校区，万名青年学子在这里举行庆祝中华人民共和国建国60周年大型文艺晚会。由第一临床医学院自发组织编演的诗朗诵《苍生大医》，描述邓铁涛岁月如歌的人生。当大屏幕画面出现老人图像及老人勉励同学们“学我者必超我，祝愿大家未来成为中医大师”讲话录音时，全场响起经久不息的掌声。同学们欢声雷动，晚会再一次掀起高潮。

充满激情的节目主持人道出了大家的心声：“国医大师邓铁涛老先生的青少年时代饱尝战乱的悲苦，他也亲眼目睹了中华人民共和国的诞生。他在而立之年亲身参与了我校的筹建，从此就把一生献给了广州中医药大学和中医药事业。他的身上既有老一辈中医药人‘大医精诚’、‘上医医国’的风骨，也体现着我校‘厚德博学、精诚济世’的校训精神。他是我们广州中医药大学的象征，也是新中国中医药事业的象征。”

《苍生大医》伴随万名青年学子的欢呼声，在《我爱我的祖国》主旋律歌声中徐徐谢幕。这更加印证了邓铁涛对中医未来的预言：中医学的前途，有如万里云天，远大光明，彷徨了几十年的中医可以说已走在大路上。我们任重而道远，就看现代中医、西学中和有志于研究中医的其他科学家的努力了。

（撰稿人　刘小斌　陈安琳）

《中华中医昆仑》丛书 150 位医家名录

（按生年排序）

张锡纯	丁甘仁	萧龙友	王朴诚	恽铁樵
曹炳章	冉雪峰	谢　观	施今墨	汪逢春
孔伯华	黄竹斋	吴佩衡	蒲辅周	陈邦贤
李翰卿	李斯炽	姚国美	陆渊雷	张泽生
时逸人	张梦侬	叶橘泉	王聘贤	陈慎吾
邹云翔	赵炳南	承淡安	余无言	刘惠民
岳美中	沈仲圭	秦伯未	赵锡武	韦文贵
程门雪	黄文东	赵心波	董廷瑶	吴考槃
章次公	石筱山	陆南山	张赞臣	李聪甫
刘绍武	陈存仁	朱仁康	陆瘦燕	姜春华
韩百灵	高仲山	李克绍	王鹏飞	刘春圃
金寿山	哈荔田	何世英	周凤梧	干祖望
关幼波	王为兰	任应秋	罗元恺	祝谌予
杨医亚	郭士魁	何时希	耿鉴庭	俞慎初

裘沛然	顾伯华	江育仁	邓铁涛	门纯德
刘渡舟	尚天裕	朱良春	李玉奇	程士德
尚志钧	赵绍琴	董建华	米伯让	李辅仁
张珍玉	班秀文	颜正华	于己百	颜德馨
路志正	方药中	王乐匋	黄星垣	谢海洲
余桂清	何　任	王子瑜	程莘农	陈彤云
焦树德	张作舟	张　琪	李寿山	张镜人
王绵之	方和谦	印会河	王玉川	蔡小荪
李振华	马继兴	王嘉麟	宋祚民	刘弼臣
王雪苔	刘志明	吴咸中	李今庸	任继学
裴学义	王宝恩	周霭祥	贺普仁	唐由之
赵冠英	许润三	金世元	陆广莘	刘柏龄
徐景藩	吉良晨	吴定寰	沈自尹	王孝涛
张灿玾	周仲瑛	强巴赤列	张代钊	李经纬
郭维淮	柴松岩	苏荣扎布	陈可冀	李济仁
夏桂成	郭子光	巴黑·玉素甫	张学文	陈介甫